Ein Fest für die Lerche

Eine Geschichte zum Vogel des Jahres
von Klaus Ruge

NATUR UND TIER - VERLAG

ISBN: 978-3-86659-402-9

© 2018 Natur und Tier - Verlag GmbH
An der Kleimannbrücke 39/41
48157 Münster
Tel.: 0251-13339-0
Fax: 0251-13339-33
E-Mail: verlag@ms-verlag.de
Home: www.ms-verlag.de
Geschäftsführung: Matthias Schmidt
Layout: Ann-Christine Ottenjann
Redaktion: Carola Preuß
Lektorat: Kriton Kunz
Druck: Alföldi, Debrecen

In Erinnerung an Heinz Sielmann, mit dem ich so manche Stunde filmend verbrachte

Liebe Leserinnen und Leser,

bei dem Titel dieses Buches „Ein Fest für die Lerche" mag der eine oder andere ins Grübeln kommen: Warum wird für einen Vogel, die Lerche, ein Fest veranstaltet? Und was schenkt man Lerchen zu einem Fest?

Was mit einer nächtlichen Autopanne beginnt, entwickelt sich zu einem spannenden Abenteuer rund um das Thema Natur- und Artenschutz. Denn das Lösen von Problemen fängt damit an, dass Menschen aufeinander zugehen und miteinander sprechen. So wie es in diesem Buch die Kinder Sophia und Finn tun. Und sie lassen sich auch durch Enttäuschungen nicht entmutigen: „Wenn einer anfängt, machen es andere vielleicht nach."

Auf ihrem Weg lässt der Autor, Klaus Ruge, die beiden Kinder Aufgaben meistern, bei denen die Leserinnen und Leser viel Wissenswertes über die Natur, das Leben der Lerchen und ökologische Zusammenhänge kennenlernen. Ebenso über sogenannte „Bauernregeln", Regeln, die den Menschen schon seit vielen Jahrhunderten bekannt sind und ihnen Wissen über das Leben mit der Natur – und nicht gegen sie – vermitteln.

Als ich 1994 zusammen mit meinem Mann die Heinz Sielmann Stiftung gründete, war uns bewusst, dass unsere Arbeit für den Naturschutz nur möglich sein wird durch eine breite Unterstützung der Öffentlichkeit, eine Vielzahl von Spenderinnen und Spendern sowie der Gewinnung von Mitstreitern. In diesem Buch lernen die jungen Leserinnen und Leser, wie man so etwas umsetzen kann.

Mein Mann sagte immer: „Kinder sind die Naturschützer von morgen!" Genau darüber wird hier berichtet. Denn Sophias und Finns Geschenk für die Lerchen ist ein neuer Überlebensraum für sie.

Inge Sielmann, Stifterin und Ehrenvorsitzende der Heinz Sielmann Stiftung

Panne im Regen

Es hatte aufgehört zu regnen – endlich.

„Jetzt können wir gehen", weckte die Mutter Sophia und Finn.

Die Geschwister räkelten und reckten sich. Sie hatten sich während des Staus auf der Autobahn auf dem Rücksitz des Autos gemütlich eingerichtet und waren eingeschlafen.

Eigentlich wollten sie am späten Abend schon bei den Großeltern sein. Aber dann war auf der Autobahn ein Lastwagen umgekippt. Da gab es kein Entweichen, keine Umleitung. Sie mussten ausharren, drei volle Stunden. Als sich der Stau endlich aufgelöst hatte, fuhr Mutter mit den schlafenden Kindern auf der Landstraße weiter.

Doch auf einmal blieb der Motor stehen. Mutter konnte das Auto gerade noch auf den breiten Rasenstreifen neben der Straße steuern.

Mitternacht war schon vorüber.

„Warum fährst du denn nicht weiter?" Sophia gähnte.

„Sind wir endlich da?", blinzelte Finn.

„Na ja", antwortete Mutter, „das Auto will nicht mehr. Aber sehr weit ist's von hier aus nicht mehr. Ich bin mit Opa schon mal hier gewesen. Am Dorfende von Wolfshagen wohnt so ein Öko-Bauer. Da haben wir Kartoffeln und Zwetschgen gekauft. Und Opa hat mir in der Astgabel einer dicken, alten Eiche zwei kleine, kuschelige Uhu-Junge gezeigt."

„Wir können doch mal Oma anrufen, ob sie uns abholt."

Sophia hatte trotz der überaus frühen Stunde einen Geistesblitz.

„Eigentlich ein bisschen spät. Aber schließlich ist's eine Not-  lage, und Oma wird froh sein, von uns zu hören.", Mutter kramte in ihrer Handtasche: „Wo ist denn mein Handy? Gib mir mal schnell deins, Sophia!"

„Uns hast du gesagt, wir sollen die Handys zu Haus lassen", entgegnete Sophia vorwurfsvoll.

„Zu dumm, dann können wir ja auch kein Taxi rufen."

„Dann müssen wir wohl ..." Finn öffnete die Autotür.

„Ich glaub, von hier aus schaffen wir's glatt in einer Stunde", meinte Mutter aufmunternd.

Eine Wanderung in den Morgen

„Puh, ist das kalt", mäkelte Finn.

„Zieh dir die Jacke über und lass
uns gehen, dann wird's uns wärmer."

„So früh bin ich noch nie unterwegs
gewesen", stöhnte Sophia.

„Der Weg ist ganz leicht zu finden, hier hinter
den Höfen müssen wir vorbei." Mutter sah
die alte Eiche, in der sie damals die Uhus entdeckt hatte.

Über den Wiesen stieg Nebel auf. Irgendwo muhte eine Kuh.

Die ersten Sonnenstrahlen blinzelten über dem fernen Wald.

Wie tausend Sterne glitzerten die Regentropfen, lenkten

die Sonnenstrahlen in alle Winkel.

In der Ferne hörten sie Laute. Wie ‚kiwiit' hörten sie sich an.

„Hm", raunte Mutter, „auch die Kiebitze sind schon wach."

Sie näherten sich dem Waldrand.

„Hört ihr die Drosseln?" Mutter wies in die Baumkronen. Von überall her war der Gesang

von Amseln und Singdrosseln zu hören, und dazwischen trommelte ein Specht.

„So begrüßen die Vögel den neuen Tag", gähnte Mutter.

Weiter wanderten die drei. Sie kamen aus dem dichten Wald. Gingen entlang von Feldern.

„Da, hinter den Hügeln, wo der Wald beginnt, wohnen Oma und Opa. Und die Felder, die

gehören Bauer Neub", erkannte die Mutter. Sophia schleppte sich müde hinter den beiden her.

„Dann haben wir's endlich geschafft", seufzte Finn.

Es war heller geworden. Gut tat es, die Sonnenstrahlen auf dem Rücken zu spüren.

„Hör mal", Finn stieß Sophia an, „da singt ein Vogel – ganz hoch oben in der Luft!"

Alle drei schauten nach oben. Zuerst sahen sie gar nichts. Aber dann entdeckten sie, wie ein kleiner Vogel hoch über dem Feld flatterte. Es sah aus, als stünde er immer auf derselben Stelle, und er sang und sang, hell und trillernd.

Dann – mit einem Mal fiel er ein Stück hinunter. Doch genauso abrupt blieb er wieder in der Luft stehen und sang weiter.

Plötzlich jedoch war er wirklich weg. Wie ein Stein war er heruntergefallen.

„Mama, der Vogel ist abgestürzt!", rief Finn besorgt, „Wir müssen ihm helfen!"

Finn lief los. Mutter konnte ihn gerade noch zurückhalten: „Der Vogel ist eine Lerche", erklärte sie. „Die Männchen der Lerchen singen hoch oben in der Luft, und auf einmal lassen sie sich fallen. Irgendwo dort in der Nähe ist dann auch ihr Nest."

„Da sind doch aber gar keine Büsche, in denen Lerchen ihr Nest bauen könnten!" Sophia war empört.

„Die Weibchen der Lerchen bauen ihre Nester auch nicht in Büschen, sondern am Boden", antwortete Mutter lächelnd.

„Das hab ich ja noch nie gehört! Das ist ja gefährlich!", Sophia war stehen geblieben.

„Stimmt, ein Fuchs oder eine Krähe kann schon mal Lercheneier erwischen. Aber gefährlicher ist für sie der Mensch."

„Häh?" Finn schaltete sich wieder ein. „Wieso denn? Essen Menschen denn Lerchen? Die singen doch so schön."

„Ja, früher haben die Leute tatsächlich Lerchen gegessen, Lerchenzungen waren eine Delikatesse für ganz Reiche. Zum Glück isst heut bei uns keiner Lerchen. Aber soweit ich weiß, werden die meisten Felder heute so bearbeitet, dass es den Lerchen nicht gut tut. Doch davon kann euch Großvater mehr erzählen als ich."

Endlich am Ziel

„Wo wart ihr denn die ganze Zeit?", seufzte Großmutter, als die drei müde und kaputt vor der Tür
standen. „Und wieso kommt ihr denn zu Fuß?
Ich hab die ganze Nacht kein Auge zugetan!"
Großmutter hatte sich solche Sorgen gemacht.
Großvater aber hatte geschlafen. „Sie werden
schon kommen", hatte er unwirsch gemurmelt.
„Wenn was Schlimmes passiert wär, hätten wir's
bestimmt erfahren."
Nach einer Umarmung und vielen Küssen gingen
alle in die Stube und erzählten.
Mutter meinte schließlich, ihr Pech habe sogar
noch gute Seiten: Ohne Autopanne hätten
sie nie so viel gehört und gesehen.

Sophia und Finn bestürmten den Großvater mit einem Dutzend Fragen. Es waren aber nicht die üblichen, ob die Hühner schon brüten, ob Großvater einen Bussard oder gar einen Reiher zum Gesundpflegen beherberge. Sie wollten vielmehr wissen, wieso die Menschen eine Gefahr für die Lerchen sind.

„Früher fanden die Lerchen auf Wiesen gute Plätze zum Nisten", begann der Großvater. „Doch heute haben sie da kein Glück mehr. Das Gras wird nämlich geschnitten, ehe die Lerchenjungen wirklich fliegen können. Kurz nach ihrem Schlupf hocken sie im Nest, und schon nach gut einer Woche rennen sie herum. Nur fliegen können sie noch nicht. Wenn das Gras während dieser Zeit gemäht wird, dann steht's schlecht um die jungen Lerchen: Sie werden vom Mähgerät einfach überfahren oder totgeschnitten."

„Die armen Lerchenkinder!" Sophia kamen die Tränen.

Großvater achtete nicht auf ihren Einwurf: „Früher haben die Bauern Ende Mai oder auch erst im Juni gemäht und Heu gemacht. Dann war die erste Lerchenbrut ausgeflogen. Aber heut schneiden die Landwirte das frische, grüne Gras schon im April und machen Silofutter draus."

„Si-lo-futter? Was ist denn das?" Das Stadtkind Sophia war ein einziges Fragezeichen.

„Die Bauern schichten das Gras zu großen Haufen auf und decken es dann mit Folie ab. Nach einer Weile fängt es an zu gären. Wie beim Sauerkrautmachen."

„Ach, dafür sind die großen Betonkästen, die wir unterwegs gesehen haben!" Sophia verstand.

„Ich möchte aber viele Lerchen singen hören. Was können wir denn für sie tun?" Finn wurde energisch: „Können wir ihnen denn gar nicht helfen?"

„Tja, da müssten wir die ganze Landwirtschaft umkrempeln ... Aber wenn wir bei uns begännen? Wenn Bauer Neub später mähen würde ...?", sinnierte Großvater. „Nur - das sind für ihn Verluste. Und der junge Bauer Neub schaut schon etwas mehr auf den Euro als sein Vater." Der Großvater hatte die Kinder fast vergessen, sprach mehr zu sich, aber dann wandte er sich ihnen wieder zu: „Trotzdem, ihr könnt ja mal mit ihm sprechen."

Die Mutter gähnte hörbar, etwas, was sie bei ihren Kindern immer tadelte.

„Wenn die Lerchen auf Wiesen keine guten Nistplätze mehr finden, dann könnten sie doch auf die Weizenäcker gehen", meinte Finn, „die werden doch viel später gemäht."

„Das mit dem Mähen ist richtig, nur leider, auf den Weizenfeldern haben Lerchen andere Schwierigkeiten. Davon erzähl ich euch später. Jetzt schlaft erst mal 'ne Runde. Ihr könnt ja kaum noch die Augen offen halten."

Großvaters Geheimnis: Lerchenfenster

Zum Mittagessen sind alle wieder in der Küche versammelt und freuen sich auf Großmutters gute Eierkuchen mit den Eiern der eigenen Hühner. Finn und Sophia drängen den Großvater mit vollem Mund: „Du wolltet uns noch von den Lerchen im Weizenfeld erzählen."

„Die Lerchen sind erst wieder nach dem Mittag dran!" Großmutter kennt da kein Pardon.

Immerhin hat sie vier Kinder großgezogen, da muss man energisch sein können.

,Und das geht nur, wenn in der Familie der Tageslauf ein wenig organisiert wird', spaßt Großmutter zuweilen.

Schließlich ist der Tisch abgeräumt, alle haben geholfen, und nur Großvater hat noch seinen Kaffeebecher vor sich stehen:

„Ich wollte euch erklären,", Großvater nimmt einen vorletzten Schluck, „warum Weizenfelder keine guten Nistplätze sind. Das ist nämlich so: Der Winterweizen wird ja schon im Herbst ausgesät. Zuerst, wenn der Weizen noch ganz klein ist, bis zum Frühjahr, sieht es für die Lerchen so aus, als könnten sie dort brüten. Aber sobald es dann warm wird und sie wirklich mit Brüten anfangen wollen, wächst der Weizen wie toll. Er bildet kräftige Halme und steht schließlich so dicht, dass für ein Lerchennest kein Platz bleibt – und aus ist's mit dem Lerchenparadies."

„Das ist ja gemein. Wie sollen wir den Lerchen dann überhaupt helfen?", ruft Sophia ungeduldig.

„Aber wenn Bauer Neub seine Wiese später mäht ..." Finn denkt laut.

„Oh ja", freut sich Sophia, „wir besuchen Bauer Neub und berichten ihm von den Lerchen.

Großvater, kommst du mit uns und erzählst Bauer Neub von unserem Plan?" bittet Sophia.

„Das könnt ihr auch, dazu braucht ihr mich nicht. Bauer Neub freut sich, wenn ihr ihn wieder mal besucht."

Mutter meint zwar, wenn die Kinder zum Bauern gingen, dann sollte sie doch ein Erwachsener begleiten. Aber Großvater winkt ab. „Lass die mal ihre Sache allein machen, das kriegen sie schon hin. - Ich schlage vor, dass wir jetzt noch einen kleinen Lerchenspaziergang machen."

„Oh, fein!", jubeln Sophia und Finn, denn jeder Spaziergang mit Großvater ist ein Abenteuer. Und er weiß so viele Geschichten! Deshalb mochten ihn die Schüler auch so gern, früher, als er noch Lehrer war. Und danach – nehmen sich die Geschwister vor – gehen sie Bauer Neub besuchen.

Familienrat

Etwas bedrückt kommen Finn und Sophia von ihrem Besuch zurück.

Bauer Neub hatte sich gefreut, die beiden mal wieder zu sehen.

„Ihr seid ja ganz schön groß geworden."

Dann hatte er ihnen Apfelsaft angeboten und gefragt, wie lange sie denn bei den Großeltern blieben. Die Kinder hatten seine Frage schnell beantwortet und wollten ihm von den Lerchen und den Gefahren für sie erzählen. Das wusste Bauer Neub aber schon alles und erklärte ihnen, dass sich bei den Bauern in den letzten Jahren vieles verändert hatte.

„Wenn wir Bauern heute noch so wirtschaften würden wie früher, würden wir verhungern. Alles muss doch billig sein, das Fleisch, die Milch, das Brot. Und deshalb müssen wir mehr Weizen ernten, die Kühe müssen mehr Milch geben - und das geht nur, wenn wir Dünger streuen und Pflanzenschutzmittel verspritzen."

Sophia hatte nicht so schnell klein beigeben wollen: „Aber wenn alle Menschen ein bisschen mehr für ihr Essen bezahlen würden ...?"

„Das funktioniert leider nicht. Viele Leute kaufen nur das Billigste. Wenn Menschen Natur wollen, wenn sie Blumen und Lerchen erleben möchten, müssen die Felder anders bewirtschaftet werden und das kostet mehr Geld. Und das Geld geben die Leute heute lieber für was anderes aus."

„Wir haben Angst, dass die Lerchen auf der Wiese bei den Fuchslöchern sterben, wenn dort gemäht wird", hatte Finn kleinlaut eingewendet.

„Wir könnten ein Fähnchen dorthin stecken, wo die Lerchen brüten", war Sophia eingefallen.

„Dass jemand kurz vor dem Schneiden auf der Wiese herumtrampelt, das hab ich gar nicht gern." Fast war Bauer Neub böse geworden.

Finn und Sophia waren immer stiller geworden. Sie hatten gemerkt, dass Bauer Neub nicht so leicht mit sich reden ließ. Er hatte ja – aus seiner Sicht – auch gute Gründe.

Das war nicht der Erfolg, den sich Finn und Sophia für die Lerchen gewünscht hatten - kein Wunder, dass sie etwas bedrückt zurückkamen.

„Wir werden doch nicht gleich aufgeben!", versucht Großvater sie aufzumuntern. „Immerhin habt ihr doch mit Bauer Neub gesprochen. Nur wenn Menschen miteinander sprechen, können sie zu gemeinsamen Lösungen kommen. Ich werde bei Bauer Neub auch noch ein paar Worte für die Lerchen einlegen. Nicht heut oder morgen, aber auf dem Markt oder in der Kneipe treffen wir uns immer mal, und bei einem Glas Bier lässt sich manches aushandeln."

Sophia und Finn lassen sich gern von Großvater etwas aufrichten. Ihnen gefällt der Lerchengesang so gut, dass sie sich nicht vorstellen wollen, eines Tages ohne ihn leben zu müssen.

„Da fällt mir noch was ein." Großvater fasst sich an die Stirn. „Entschuldigt mich mal für ein paar Minuten."

Was hat Großvater denn jetzt wohl vor?

Da ist er schon wieder. In der Hand hat er ein aufgeschlagenes NABU-Magazin.

Großvater zeigt auf ein Bild. „Das ist ein Feld mit Winterwei-zen, und in diesem Feld, seht ihr, da sind, na, sagen wir alle 400 Meter so kleine, rechteckige Flächen, ganz ohne Weizen."

„Ja, da sind überall Löcher",
bestätigt Finn verblüfft.
„Und das ist das Geheimnis!
Der Bauer fährt also im Herbst mit
der Sämaschine ganz normal über den Acker.
Damit solche Löcher oder vielleicht besser gesagt
‚Fenster' entstehen, hält er die Sämaschine für eine kurze
Zeit an, der Traktor fährt dabei aber weiter.
Und wenn der Weizen keimt, ist da eine freie Stelle."
„Und da können dann die Lerchen brüten!", vollendet Finn.
„Da wächst ja gar nichts." Sophia schaut den Großvater verblüfft an.
„Das ist ja gerade der Witz. Die Lerchen wollen schließlich etwas frei-
en Raum um sich haben. Interessiert schaut Finn hin.
„Und da wächst dann wirklich gar nichts?"
„Doch, da wachsen einige Kräuter, aber zwischen den Pflanzen
ist so viel Raum, dass die Lerchen Nester bauen können."
Großvater freut sich, dass die Kinder so bei der Sache sind.

„Und fressen die denn auch von den Kräutersamen?", fragt Sophia wissbegierig.

„Ja, das tun sie", bestätigt Großvater. „Und die Blüten der Kräuter locken auch Fliegen, Spinnen und Bienen an."

„Ist das denn auch Lerchenfutter?", will Finn wissen.

„Besonders wenn sie Junge haben, müssen die Lerchen viele Insekten und Spinnen verfüttern." In der Zeitschrift stand auch, wie viel weniger ein Bauer verdient, wenn er diese Lerchenfenster offen lässt. Auf einem Feld, so groß wie ein Fußballplatz, sind das rund 10 Euro. Finn findet, dass sie das Geld Bauer Neub spenden könnten. Er wäre bereit, sein Taschengeld zu sparen.

„Aber 10 Euro reichen sicher nicht, die Bauern zu überzeugen." Der Großvater ist realistisch. „Ich fang trotzdem mal an." Großvater zieht seine Geldbörse aus der Hosentasche, öffnet sie und sagt: „Hier, die hundert Euro, die sind für die Lerchenkasse. Die hab ich gestern für einen Vortrag über Vogelschutz bekommen."

„Meinst du denn, 100 Euro reichen?" Sophia hat große Augen bekommen. Einen Hundert-Euro-Schein bekommt sie nicht so häufig zu sehen.

„Nee, aber es ist ein Anfang", lacht Großvater.

„Ich leg mein Taschengeld auch dazu!" Sophia holt ihren Rucksack.

„Ich meins auch, zumindest, was ich noch habe ...", lacht Finn zögerlich.

„Das ist doch wirklich ein guter Start!" Mutter hatte alles gehört und legt auch noch einen Zehner dazu.

„Wenn wir nur an Bauer Neub denken, müssen wir auch keine Riesensummen sammeln. Also gut, seien wir großzügig. Rechnen wir mal mit 20 Euro. Das ist nur für eine Fläche wie ein Fußballfeld. Bauer Neub hat gewiss 20 Hektar, also 20 Fußballfelder, vielleicht sogar mehr."

„Das wären dann 400 Euro", rechnet Finn.

„Ich bin mir sicher", meint Großvater, „wenn wir ein bisschen nachdenken, fällt uns schon noch ein, wie wir mehr Euro in die Kasse bekommen."

Die Idee!

Mutter ist es, die am Abend die Idee hat.

„Wir schlagen der Schule vor, ein Lerchenfest zu veranstalten.

Gleich nach den Ferien trifft sich der Elternbeirat, da werde ich den Plan vortragen."

„Oh ja, lass uns das Fest gleich nach den Ferien machen!" Sophia ist Feuer und Flamme.

Mutter vertröstet sie: „Zuerst muss ich die Eltern, dann müssen wir die Lehrer überzeugen.

Ich glaub, im nächsten Frühjahr, wenn die ersten Lerchen über den

Feldern singen, das wäre ein guter Termin für das Lerchenfest."

„Toll", freut sich Finn, „ein Begrüßungsfest für die Lerchen."

„Wir können ein Theaterstück aufführen. Der Eintritt ist für die Lerchen." Sophia sprudelt schon vor Ideen. Mutter meint jedoch, es sei viel besser, eine Spendenkasse aufzustellen, als Eintrittsgeld zu verlangen. Und dann purzeln die Vorschläge nur so aus den Kindern heraus. Finn will einen Zeichenwettbewerb, Sophia schlägt vor, Lerchenlieder zu sammeln. Mutter sagt, ein Abendkonzert mit Lerchenmusik für die Eltern sei eine passende Ergänzung. Finn will Lerchen aus Holz aussägen und verkaufen, Sophia möchte Bienenwachskerzen mit ihren Freundinnen ziehen, die so ähnlich wie Lerchen aussehen. Mutter hat noch einen Vorschlag: „Ihr könntet Lerchen verkaufen." Die Kinder schauen sie fragend an, und Mutter erklärt lächelnd: „Es gibt Kuchen, die Leipziger Lerchen heißen. Ich schau mal nach dem Rezept."

Die Geschwister sind begeistert.

Als sie schon lange im Bett liegen, planen Finn und Sophia immer noch.

„Können wir denn allen Bauern im Land Geld geben, damit sie Brutflächen für die Lerchen frei lassen?"

„Das glaub ich nicht", denkt Finn laut nach, „aber wenn einer anfängt, machen es andere vielleicht nach, es ist eben schon mal ein Anfang."

Zu schnell sind die Osterferien bei den Großeltern zu Ende. Das kaputte Auto hat Mutter viel Geld gekostet, aber jetzt läuft es wieder, und so kommen sie ohne Zwischenfälle zu Hause an. Der Vater ist noch nicht von der Arbeit zurück. Schnell kramt Finn den Ferienkalender heraus.

„Können wir an Pfingsten wieder zu den Großeltern?"

„Wir müssen doch schauen, ob die Lerchen noch da sind!",
unterstützt ihn Sophia.

„Pfingsten – mal sehen …", überlegt Mutter.

Auf Lerchenpirsch

Zu Pfingsten sind Sophia, Finn und Mutter also
wieder bei den Großeltern. Dieses Mal ohne
Stau und Pannen.

Für Finn und Sophia ist klar: Gleich am nächsten Morgen wollen sie zu den Lerchen. Da kann
Großvater nicht „nein" sagen und muss auf das
ausgiebige Frühstück mit seiner Tochter verzichten.

Als sie die Haustür öffnen, schlägt ihnen die Kühle
des Morgens entgegen. Der Apfelbaum am Garten-
tor hat noch rosa Blüten. Sophia schnuppert neugierig
ihren frischen Duft. Ein Star sitzt in seiner Krone und
plappert sein Grußlied für den Morgen.

Auf den Wiesen liegt ein weißer Schleier. Irgendwo schreckt ein Reh.

In der Ferne rötet sich der Himmel über dem Wald.

„Es ist so schön bei euch, Opa", sagt Sophia ganz andächtig.

„Ja", der Großvater freut sich, dass Sophia seine Welt auch zu schätzen weiß,

„ganz besonders, wenn der Tag erwacht. Hört ihr den Grünspecht?"

„Und den Kuckuck", ergänzt Finn selbstbewusst.

„Hier fängt Bauer Neubs Wiese an", zeigt Großvater den Kindern.

„Bis heut hat er noch nicht gemäht. Das ist gut für die Lerchen."

„Schau mal, Großvater!" Finn hat ein paar Grashalme gerupft. „Die Grashalme sehen ja alle anders aus."

„Die Halme nicht so sehr, aber die Fruchtstände", erklärt Großvater. „Da auf der Wiese stehen ganz verschiedene Grasarten, und die sehen alle unterschiedlich aus, genauso wie Hafer, Weizen und Gerste unterschiedlich aussehen."

„Guck, da!", ruft Sophia. „In der Wiese blüht sogar Salbei." Salbei erkennt Sophia seit ihrem Besuch vor einem Jahr bei den Großeltern. Die Großmutti, eine richtige Kräuterfrau, hat ihr die Pflanze gezeigt.

„Und dort, die weißen Blüten, sind Margeriten."

Finn weiß auch etwas, hin und wieder wetteifern

22

die Kinder miteinander, das kennt Großvater schon. Er zeigt in den Himmel.

Dort fliegt eine Lerche. Wie schön sie singt und trillert!

„Ist das nicht mühsam, in der Luft zu flattern und dabei zu singen?" will Sophia wissen.

„ Für die Lerche wäre es doch viel einfacher, sie würde gemütlich auf einem Baum sitzen und da singen!"

„Das mag sein", Großvater schaut sich um, „doch Lerchen mögen so weite Landschaften -

und wo ist hier ein Baum?"

„Da hinten ist doch der Wald, da gibt's jede Menge Bäume!"

Sophia zeigt auf die Nadelbäume in der Ferne.

„Tja, aber eben nicht hier, wo es den Lerchen gefällt."

„Wie lange die singen kann!", staunt Finn. „Ich hab auf meine Uhr geschaut.

Die Lerche singt und flattert da oben schon zwei Minuten."

„Die schafft's aber auch noch länger", lacht Großvater.

„Und jetzt fällt sie runter." Man kann die Enttäuschung in Sophias Stimme hören.

„Und sie singt auch nicht mehr, sie ist irgendwo im Gras verschwunden."

Finn erinnert sich an die erste Begegnung mit einer Lerche in den vorigen Ferien.

„Ja, irgendwo", nickt Großvater. „Sie fällt nicht da auf den Boden, wo das Nest ist,

sondern nur in der Nähe, und das letzte Stück geht sie zu Fuß."

Sophia muss lachen: Ein Vogel, der zu Fuß geht ...

„Ganz schön raffiniert", murmelt Finn.

„Darum können wir die Lerchennester auch so schlecht finden, und beim Suchen würden wir die ganze Wiese zertrampeln." Die Kinder merken mal wieder, dass Großvater Lehrer war. Sie lernen so gern von ihm, wenn sie gemeinsam draußen rumstreunen.

Sie kommen an einem großen Acker vorbei. Der Winterweizen dort ist schon hoch geschossen. Die Halme stehen dicht an dicht.

„Das eben mögen Lerchen nicht", erklärt Großvater, „lerchentot das ganze Feld."

Später erreichen sie eine Fläche mit vielen Stauden und Blüten. Großvater weiß, dass Bauer Neub diesen Acker schon seit zwei Jahren nicht bestellt.

„Das Land ist steinig. Einfach kein guter Ackerboden hier", erklärt er.

„Doch für Lerchen ist das gut so: Das alte Sprichwort ‚Nur armes Land mästet die Lerche' ist schon wahr!"

Solche Flächen, fährt Großvater fort, helfen den Lerchen.

„Da finden sie nicht nur Käfer und Spinnen, da gibt es auch gute Plätze zum Nisten. Die Naturschützer nennen solche unbestellten Flächen Blühstreifen."

Am Abend ist Sophia für niemanden zu sprechen. Sie schreibt alles auf, was sie erlebt hat. Das Lerchenfest muss schließlich gut vorbereitet werden. Ein Lerchentagebuch mit Zeichnungen ist doch auch etwas für das Fest, überlegt sie.

Warten

Nicht nur die Eltern, auch die Lehrer von Sophias und Finns Schule finden,
die Idee mit dem Lerchenfest komme gerade recht. Sie haben nämlich schon
überlegt, mit allen Schülern gemeinsam etwas Schönes zu planen. Lehrer Mike
Eisenlohr ist im NABU, der weiß, dass im nächsten Jahr die Feldlerche ,Vogel
des Jahres' sein wird, da sei ein Lerchenfest doch geradezu angesagt.

Für Finn und Sophia zieht sich das Jahr wie ein Kaugummi, so endlos lang.
Immerhin, nach den Sommerferien kommen von Großvater gute Nachrichten:
Bauer Neub hatte seine Wiese erst Anfang Juni gemäht. Da waren die Feldlerchen
mit ihren Küken mit Sicherheit schon auf und davon, schreibt Großvater.
Einmal hatte er sogar beobachtet, wie zwei junge Lerchen, die das Nest verlassen
hatten, aber noch nicht fliegen konnten, über den Feldweg gelaufen waren.
Endlich, Ende Februar des folgenden Jahres – Sophia und Finn sind
ein Jahr älter geworden-, hier und da liegen sogar noch ein paar
Flecken Schnee auf den Wiesen und Feldern –, da hört Sophia
draußen vor der Stadt die erste Lerche.

„Sie sind da, sie sind da!", jubelt sie.

Aber bis zum Lerchenfest sind es noch über zwei lange Monate ...

Das Lerchenfest

Finn kann den Tag des Lerchenfests kaum erwarten. Aber er hat auch ein bisschen Bammel, denn fast die ganze Woche hat es geregnet, und natürlich wollen sie draußen feiern.

Offenbar hat Petrus aber ein Einsehen. Am Sonnabend ist der Himmel wie blank gefegt.

So richtig losgehen soll das Fest am Nachmittag. Doch auf dem Platz vor der Schule ist schon morgens heftiges Treiben. Da werden Stände aufgebaut, an denen allerlei schöne oder nützliche Dinge gezeigt und verkauft werden: Bastelbogen mit Lerchen, Kräutersträuße, von den jüngeren Kindern unter Anleitung der Lehrerin gebunden, Zeichnungen von den Älteren, und die Mütter haben natürlich Leipziger Lerchen gebacken, diese leckeren Kuchen. Mutter hat das Rezept in einem alten Kochbuch entdeckt und der Schule zur Verfügung gestellt.

Noch etwas Besonderes hat sich Finns und Sophias Mutter ausgedacht: Sie hat eine Lerchengeschichte geschrieben, und die will sie am Nachmittag in der Aula vorlesen.

Der Himmelsvogel kehrt zurück

Wenn der Bauer aus seinem Fenster blickte, sah er weithin wogende Felder mit Weizen, die fruchtbarsten weit und breit. Das alles gehörte ihm und seiner Familie, und trotzdem fühlte sich der Bauer nicht recht wohl. Seine Frau und sein Sohn halfen ihm, versuchten, ihn mit frischen Äpfeln, mit Erdbeeren und Musik zu erfreuen. Doch der Bauer wurde immer kränker.

„Mein Herz fühlt sich so eng, so kalt", sagte der Bauer.

„Dein Herz ist groß und stark", antwortete der Arzt, „aber trotzdem mag deinem Herzen etwas fehlen, was ich nicht mit Pillen behandeln kann."

Der Bauer grübelte und grübelte. Am Tag fühlte er sich schwach und elend, nachts konnte er nicht schlafen. Er dachte an seinen Sohn, er dachte an seine Frau, und an keinem hatte er etwas auszusetzen. Auch mit den Nachbarn kam er gut aus.

Eines Nachts hatte er einen merkwürdigen Traum: Der Weizenacker vor seinem Haus war zu einer bunten Wiese geworden, mit Mädesüß, Glockenblumen und Kräutern. Und oben, hoch am Himmel, flatterte ein kleiner Vogel und sang, sang und jubelte. Ganz dicht vor seinem Fenster fiel der Vogel plötzlich auf die Erde. Der Bauer wollte das Fenster öffnen, doch der Vogel war verschwunden.

Am Morgen dachte der Bauer: „Wenn ich das erzähle, meinen alle, ich wär verrückt geworden."

Als der Doktor kam, sagte der Bauer: „Doktor, ich glaub, mit mir geht es zu Ende, mir scheint, ich bin verrückt." Und dann erzählte er seinen Traum.

„Wirklich ein merkwürdiger Traum", meinte der Doktor, „doch Träume sind nicht nur Hirngespinste. Vielleicht solltest du deinem Traum glauben, vielleicht ist der Gesang dieses kleinen Vogels die Freude, die dir fehlt - ohne dass du es gewusst hast."

„Meinst du", fragte der Bauer ungläubig, „dass mein Herz den Gesang eines kleinen Vogels braucht?"

„Dein Herz braucht vielleicht nicht nur den Jubelgesang des kleinen Vogels, der Feldlerche. Dein Herz braucht auch die Glockenblumen, die Kohldisteln, die Weidenröschen, den Geruch der Pfefferminze."

„Denkst du wirklich? Hätte ich das gewusst!", sagte der Bauer. „Dann hätte ich doch nicht alle Wiesen umgepflügt und Weizen darauf gesät."

„Du hast es in der Hand", sagte der Doktor, „lass auf ein paar Äckern wieder Wiese wachsen."

Sophia möchte „Riesen-Lercheneier" verkaufen: Hühnereier, angemalt wie Lercheneier: graugelb mit dichten, braunen Sprenkeln.

Im Kunstunterricht haben Schüler ein großes Poster hergestellt: Bilder ausgeschnitten und aufgeklebt. Darauf zeigen sie die Gefahren für die Lerchen: auf den Feldern verspritzte Gifte, Dünger, der die Pflanzen zu schnellem Wachstum antreibt, oder neue Baugebiete mitten zwischen Feldern. An einem Tisch können die Gäste ein Quartett spielen: Tiere auf Wiesen und Feldern. Die Verlierer dürfen in eine bereitgestellte Spardose, die wie eine Lerche aussieht, etwas einzahlen. Die Gewinner natürlich auch.

Sophia hat schon Lampenfieber. Am Nachmittag will ihre Klasse ein Theaterstück aufführen. ‚Wie die Lerchen gerettet wurden', heißt das Stück, und Sophia ist die Lerche. Sie muss hinter einem Vorhang auf eine hohe Leiter steigen. Nur ihr Oberkörper erscheint dann vor dem Vorhang. Es sieht so aus, als schwebe sie dort, und dabei muss sie laut singen, Lerchenlieder.

Am Abend wird dann das Schulorchester Lerchenmusik spielen.

Und eine Überraschung wartet zum Schluss noch auf alle: Herr Simon von der Kreissparkasse wird den Schülern einen Scheck über 500 Euro überreichen. Lehrer Eisenlohr hatte dem Vorstand der Sparkasse nämlich erzählt, dass die Schüler Lerchenfenster kaufen wollen. Das will die Kreissparkasse gern unterstützen.

Als Mutter am Abend die Spendenkasse auszählt, sind darin 623 Euro und der Scheck. Zusammen mit dem Geld von Großvater, dem Taschengeld von Finn und Sophia sind das fast 1500 Euro.

Damit können schon einige Lerchen gerettet werden.

Feldlerchen-Wissen

Aussehen

Feldlerchen sind etwa so groß wie ein Star, jedoch schlanker. Ihre Oberseite ist braun, mit dunkler Fleckzeichnung und hellen Umrandungen der Flügelfedern. Rahmweiß ist die Unterseite, mit dunkelbrauner Sprenkelung. Am länglichen Schwanz sind die weißen Außenkanten im Flug gut zu sehen. Auf dem Kopf tragen Männchen und Weibchen einen kleinen Federschopf, die Haube, die sie bei Erregung aufstellen. Am Gefieder sind Männchen und Weibchen nicht zu unterscheiden. Bei der Mauser, dem Federwechsel im Herbst, wird bei Jung- und Altvögeln das Gefieder dunkler. Die Beine und Füße sind rosafarben. Drei Zehen zeigen nach vorne und eine besonders lange nach hinten.

Lebensraum

Je ärmer der Boden, desto lieber haben es die Lerchen. Da, wo Pflanzen nur niedrig und spärlich wachsen, wo der Boden sogar hier und da nackt ist, siedeln Lerchen am liebsten. Alte Namen wie Weg- oder Brachlerche deuten an, dass Feldlerchen auf unfruchtbarem Gelände zu Hause sind.

Besonders im Wintergetreide, das ja schon im Herbst ausgesät wird und im Frühjahr schnell und dicht aufschießt, finden Feldlerchen nur wenig lichte Nistbereiche. Auf Wiesen, die für Silofutter genutzt werden, wird so häufig gemäht, dass die Lerchenjungen keine Zeit haben, groß zu werden. Aber auf mäßig genutztem Grasland und unterschiedlich bewirtschafteten Flächen kommen Lerchen bis in die alpine Region vor.

Fast alle unsere Lerchen sind Zugvögel. Die ersten verlassen uns ab Mitte September, der Höhepunkt des Wegzugs liegt im Oktober. In Schwärmen ziehen sie zumeist bis in die Bereiche südlich der Alpen um das Mittelmeer herum. Ab Anfang Februar kannst Du schon die ersten Rückkehrer entdecken. Doch zuweilen kannst Du bei uns selbst im Winter kleine Lerchentrupps erspähen. Feldlerchen ziehen übrigens nicht am helllichten Tag, sondern nachts.

Nahrung

Lerchen lieben einen vielfältigen Speiseplan. Der besteht im Frühjahr und Sommer vor allem aus Käfern, Ameisen, Heuschrecken, Grillen, Fliegen und anderen Zweiflüglern, Schmetterlingen, gelegentlich Spinnen, kleinen Schnecken und Regenwürmern. Diese an Eiweiß reiche Nahrung ist wichtig für Weibchen, die Eier legen, aber auch für die Lerchenjungen, die ja schnell wachsen müssen.

Zum Winter hin ändert sich der Speiseplan. Dann steht pflanzliche Nahrung ganz oben: Körner von Weizen, Gerste und Roggen und natürlich Samen von allerlei Kräutern sowie Grasspitzen und andere zarte Pflanzenteile.

Ihren Durst löschen Feldlerchen mit Tau- und Regentropfen. Sie trinken aber auch aus Pfützen.

Fortpflanzung

Wie sich Lerchen „verlieben", kannst Du selten beobachten. Das geschieht meist gut versteckt. Das Männchen spreizt sein Häubchen, verbeugt sich und zittert mit den Flügeln vor dem Weibchen. Mit gesträubtem Gefieder stellt das Männchen steif wie ein Birkhahn die Flügel aus und fächert den Schwanz wie der Auerhahn.

Auf einer Wiese oder auf einem Acker scharrt das Weibchen eine Mulde. Die polstert es mit Grashalmen, feinen Wurzeln und manchmal mit Haaren.

Zwei- bis dreimal je Sommer legt das Weibchen drei bis fünf graugelbe Eier mit dichten und feinen, braunen Flecken. Die erste Brut beginnt schon im April oder Anfang Mai, die zweite im Juni oder Juli, und hin und wieder brüten Lerchen im August ein drittes Mal.

Während der elf Bruttage wärmt allein das Weibchen die Eier. Nach dem Schlüpfen der blinden Jungen füttern beide Eltern ihre Küken. Nach sieben bis elf Tagen schon verlassen die Lerchenjungen ihr Nest. Dann können sie allerdings weder fliegen noch sich selbst ernähren. Fliegen können sie im Alter von zwei Wochen, gefüttert werden sie jedoch über einen Monat lang.

Vom Gesang der Lerche

Wenn Du hoch am Himmel einen jubelnden Gesang hörst, dann singt dort oben gewiss eine Feldlerche. Sehen kannst Du sie gar nicht oder nur, wenn Du ganz genau hinschaust. Lerchen singen schon sehr früh am Morgen. Abwechslungsreich ist ihr Lied, mit trillernden und gepressten Pfeiftönen, und häufig hörst Du ein klares, ineinander fließendes „trr-lit". Die Motive reihen sich fast unmittelbar aneinander, die Strophen werden stets wieder gewandelt.

Der Singflug des Lerchenmännchens – es sind immer die Männchen, die singen – beginnt in Bodennähe und führt dann spiralförmig in die Höhe. Hat das Männchen eine Höhe von 50 bis 100 Metern erreicht, bleibt es mitten in der Luft stehen, verharrt dort minutenlang und singt und singt. Schließlich gleitet es mit unbewegten Flügeln langsam hinunter, verstummt in zehn oder 15 Metern Höhe, legt die Flügel halb an und lässt sich fallen wie ein Stein. Erst kurz vor dem Boden öffnet es die Flügel wieder, um den Sturzflug abzufangen.

Gefahren für die Feldlerche

Der Mensch engt den Lebensraum der Feldlerche immer weiter ein. Das Wintergetreide steht so dicht, dass es an Brutorten mangelt. Wiesen werden so häufig geschnitten, dass dort keine Jungen aufwachsen können. Die Raine entlang der Felder sind schmal geworden, und Brachen können die Lerchen kaum noch finden.

Obwohl Feldlerchen in vielen Ländern zu Haus sind, sind ihre Bestände um die Hälfte, ja gebietsweise um 90 % geschrumpft. Einstmals wurden Lerchen zu Tausenden gefangen und als Speise verkauft. Ein Platz, an dem Lerchen mit Netzen und Garnen nachgestellt wurde, nannte man Lerchenfeld. Heute erinnert nur noch das „Leipziger Lerche" genannte Gebäck an jene Zeit.

Inzwischen steht die einstmals häufige Feldlerche auf der Roten Liste der gefährdeten Arten Deutschlands.

Um den Lerchen wieder bessere Lebensmöglichkeiten zu schaffen, säen Landwirte in manchen Gegenden auf kleinen Flächen innerhalb eines Getreidefelds kein Korn aus. Diese „Lerchenfenster", ergänzt durch Blühstreifen, also unbestellte Flächen mit vielen Kräutern, bieten den Feldlerchen die Gelegenheit, ihre Jungen aufzuziehen.

Auf einer Versuchsfläche in England konnte auf diese Weise der Bestand der Feldlerchen verdreifacht werden.

Rezept für zwölf Leipziger Lerchen

Für den Mürbeteig brauchst Du folgende Zutaten:
250 g Mehl
150 g weiche Butter
75 g Zucker
1 Prise Salz
1 TL Weinbrand oder Amaretto
– nur für Erwachsene –
und 12 eingefettete Tortenförmchen

Für die Füllung brauchst Du:
200 g Aprikosenkonfitüre
125 g weiche Butter
150 g Puderzucker
1 Eigelb
4 Eiweiß
175 g geriebene Mandeln
75 g Mehl
1 EL Stärkemehl
und etwas Bittermandelöl

Die Zubereitung geht nun so:
Aus den Zutaten knetest Du einen Mürbeteig und lässt ihn dann mindestens 1 Stunde im Kühlschrank ruhen.

Den Teig rollst Du dann etwa 5 Millimeter dick aus, stichst ihn rund aus und drückst ihn in die eingefetteten Tortenförmchen. Aus dem restlichen Teig schneidest Du 24 kleine, 1 cm breite Streifen für das Dekor und legst sie zur Seite.

Für die Füllung schlägst Du nun die Butter in einer Schüssel schaumig, gibst die anderen Zutaten bis auf das Eiweiß hinzu und vermischst alles. Das Eiweiß nun steif schlagen und anschließend unter die Füllung heben.

Auf den Teig in den Formen etwas Konfitüre geben, anschließend die Mandelmasse einfüllen. Nun kannst Du die Teigstreifen gekreuzt auf die Gebäckstücke legen und die Oberfläche mit einer Mischung aus Eigelb und Milch bestreichen.

Im vorgeheizten Backofen lässt Du jetzt die Leipziger Lerchen bei 170 Grad Celsius etwa 30 Minuten backen, bis sie goldgelb sind. In der Form 5 Minuten ruhen lassen, dann stürzen und die Lerchen sofort wieder umdrehen.

Zubereitungszeit: circa 50 Minuten
(+ Ruhezeit von circa 1 Stunde)

Was macht der NABU?

Der NABU, Naturschutzbund Deutschland, ist seit über 100 Jahren im praktischen Naturschutz vor Ort tätig, um die Vielfalt unserer heimischen Tier- und Pflanzenwelt zu erhalten.
Damit wir auch in Zukunft die Vielfalt und Schönheit der Natur vor unserer Haustür genießen können, braucht sie unser aller Schutz – und um von der Politik wahrgenommen zu werden, wirbt der NABU um weitere Mitglieder.
www.nabu.de

Was macht die NAJU?

Die NAJU (Naturschutzjugend im NABU) ist die Kinder- und Jugendorganisation des NABU. Sie ist mit über 85.000 Mitgliedern der führende Verband in der außerschulischen Umweltbildung sowie im praktischen Naturschutz. In über 1.000 Gruppen vor Ort setzen sich Kinder und Jugendliche bis 27 Jahre für den Natur- und Umweltschutz ein. Weitere Infos und Mitmachangebote bieten *www.naju.de* (http://www.naju.de/) und *www.najuversum.de*

„Die Feldlerche - Vogel des Jahres 2019" –
eine Broschüre des NABU-Bundesverbands,
Bestellung: *www.nabu-shop.de*

Lapbook zur Feldlerche zum Download
als Unterrichtshilfe für die Klassen 4 bis 6:
www.nabu.de/bfa-umweltbildung

Vogel des Jahres

Unsere Nachbarn, Familie Habicht

Klaus Ruge

ISBN 978-3-86659-273-5
12,80 €

Finns Abenteuer mit dem Stieglitz

Klaus Ruge

ISBN 978-3-86659-294-0
12,80 €

Die Nacht im Wald

Klaus Ruge

ISBN 978-3-86659-350-3
12,80 €

Fritz, der Star

Klaus Ruge

ISBN 978-3-86659-383-9
12,80 €

 Die Reihe mit der Eule:

Entdecke die Rabenvögel

Entdecke die Greifvögel

Entdecke die Käfer

Entdecke die Amphibien

Entdecke die Reptilien

Entdecke die Pinguine

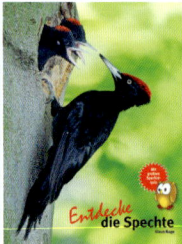

Entdecke die Spechte

Entdecke die Eulen

Entdecke die Kraniche

Entdecke die Igel

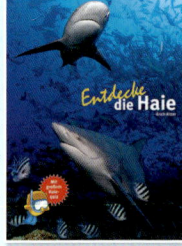

Entdecke die Haie

Entdecke die Möwen

Entdecke die Erdmännchen

Entdecke die Esel

Entdecke die Nagetiere

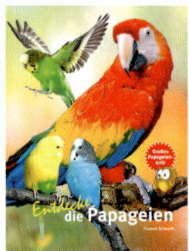

Entdecke die Papageien

Entdecke die Robben

Entdecke die Wale

Mit großem Themen-Quiz in jedem Buch
12,80 €